Este diario de senderismo
Pertenece a:

_____
_____
_____

SENDERISMO/NOMBRE DEL SENDERO: _____

CIUDAD/ESTADO: _____ DATE: _____

UBICACIÓN: _____

HORA: COMIENZA: _____ FIN: _____

DURACIÓN TOTAL: _____ DISTANCIA TOTAL: _____

GANANCIA/PÉRDIDA DE ELEVACIÓN: _____

SENDERO(S): _____
_____

DIFICULTAD: ☆☆☆☆☆   VALORACIÓN: ☆☆☆☆☆

EL TIEMPO: ☀ ⛅ 🌦 ☁ 🌧 ⛈ 🌨 🌡_____

GPS: COMIENZA: _____ FIN: _____

TIPO DE SENDERO: ○ IDA Y VUELTA   ○ BUCLE   ○ IDA/ LANZADERA

ESTADO DE LOS SENDEROS: _____
SUPERFICIE DEL SENDERO: _____
AVISTAMIENTOS DE TERRENO: _____
_____

RECEPCIÓN DE TELÉFONOS MÓVILES: _____
CAMINÓ CON: _____
_____

AGUA DISPONIBLE: _____
INSTALACIONES: _____
_____

ALIMENTOS Y BEBIDAS: _____
_____

OBSERVACIONES (NATURALEZA, VIDA SALVAJE, ETC.): _____
_____
_____

ACONTECIMIENTO MÁS MEMORABLE: _____
_____
_____

NOTAS PARA LA PRÓXIMA VEZ: _____
_____
_____
_____
_____

DIBUJO DEL SENDERO/FOTO FAVORITA

SENDERISMO/NOMBRE DEL SENDERO: _____

CIUDAD/ESTADO: _____ DATE: _____

UBICACIÓN: _____

HORA: COMIENZA: _____ FIN: _____

DURACIÓN TOTAL: _____ DISTANCIA TOTAL: _____

GANANCIA/PÉRDIDA DE ELEVACIÓN: _____

SENDERO(S): _____
_____

DIFICULTAD: ☆☆☆☆☆   VALORACIÓN: ☆☆☆☆☆

EL TIEMPO: ☀ ⛅ 🌦 ☁ 🌧 ⛈ 🌨 🌡 _____

GPS: COMIENZA: _____ FIN: _____

TIPO DE SENDERO: ○ IDA Y VUELTA   ○ BUCLE   ○ IDA/ LANZADERA

ESTADO DE LOS SENDEROS: _____
SUPERFICIE DEL SENDERO: _____

AVISTAMIENTOS DE TERRENO: _____
_____

RECEPCIÓN DE TELÉFONOS MÓVILES: _____
CAMINÓ CON: _____
_____

AGUA DISPONIBLE: _____
INSTALACIONES: _____
_____

ALIMENTOS Y BEBIDAS: _____
_____

OBSERVACIONES (NATURALEZA, VIDA SALVAJE, ETC.): _____
_____
_____

ACONTECIMIENTO MÁS MEMORABLE: _____
_____
_____

NOTAS PARA LA PRÓXIMA VEZ: _____
_____
_____
_____
_____

DIBUJO DEL SENDERO/FOTO FAVORITA

SENDERISMO/NOMBRE DEL SENDERO: _____

CIUDAD/ESTADO: _____ DATE: _____

UBICACIÓN: _____

HORA: COMIENZA: _____ FIN: _____

DURACIÓN TOTAL: _____ DISTANCIA TOTAL: _____

GANANCIA/PÉRDIDA DE ELEVACIÓN: _____

SENDERO(S): _____
_____

DIFICULTAD: ☆☆☆☆☆   VALORACIÓN: ☆☆☆☆☆

EL TIEMPO: ☀ ⛅ 🌦 ☁ 🌧 ⛈ 🌨 🌡_____

GPS: COMIENZA: _____ FIN: _____

TIPO DE SENDERO: ○ IDA Y VUELTA   ○ BUCLE   ○ IDA/ LANZADERA

ESTADO DE LOS SENDEROS: _____
SUPERFICIE DEL SENDERO: _____
AVISTAMIENTOS DE TERRENO: _____
_____

RECEPCIÓN DE TELÉFONOS MÓVILES: _____
CAMINÓ CON: _____
_____

AGUA DISPONIBLE: _____
INSTALACIONES: _____
_____

ALIMENTOS Y BEBIDAS: _____
_____

OBSERVACIONES (NATURALEZA, VIDA SALVAJE, ETC.): _____
_____
_____

ACONTECIMIENTO MÁS MEMORABLE: _____
_____
_____

NOTAS PARA LA PRÓXIMA VEZ: _____
_____
_____
_____
_____

DIBUJO DEL SENDERO/FOTO FAVORITA

SENDERISMO/NOMBRE DEL SENDERO: _____

CIUDAD/ESTADO: _____ DATE: _____

UBICACIÓN: _____

HORA: COMIENZA: _____ FIN: _____

DURACIÓN TOTAL: _____ DISTANCIA TOTAL: _____

GANANCIA/PÉRDIDA DE ELEVACIÓN: _____

SENDERO(S): _____

DIFICULTAD: ☆☆☆☆☆   VALORACIÓN: ☆☆☆☆☆

EL TIEMPO: ☀ ⛅ 🌦 ☁ 🌧 ⛈ 🌨 🌡 _____

GPS: COMIENZA: _____ FIN: _____

TIPO DE SENDERO: ○ IDA Y VUELTA   ○ BUCLE   ○ IDA/ LANZADERA

ESTADO DE LOS SENDEROS: _____

SUPERFICIE DEL SENDERO: _____

AVISTAMIENTOS DE TERRENO: _____

RECEPCIÓN DE TELÉFONOS MÓVILES: _____

CAMINÓ CON: _____

AGUA DISPONIBLE: _____

INSTALACIONES: _____

ALIMENTOS Y BEBIDAS: _____

OBSERVACIONES (NATURALEZA, VIDA SALVAJE, ETC.): _____
_____
_____

ACONTECIMIENTO MÁS MEMORABLE: _____
_____
_____

NOTAS PARA LA PRÓXIMA VEZ: _____
_____
_____
_____
_____

DIBUJO DEL SENDERO/FOTO FAVORITA

SENDERISMO/NOMBRE DEL SENDERO: _____

CIUDAD/ESTADO: _____ DATE: _____
UBICACIÓN: _____
HORA: COMIENZA: _____ FIN: _____
DURACIÓN TOTAL: _____ DISTANCIA TOTAL: _____
GANANCIA/PÉRDIDA DE ELEVACIÓN: _____
SENDERO(S): _____
_____

DIFICULTAD: ☆☆☆☆☆   VALORACIÓN: ☆☆☆☆☆

EL TIEMPO: ☀ ⛅ 🌦 ☁ 🌧 ⛈ 🌨 🌡 _____

GPS: COMIENZA: _____ FIN: _____

TIPO DE SENDERO: ○ IDA Y VUELTA   ○ BUCLE   ○ IDA/ LANZADERA
ESTADO DE LOS SENDEROS: _____
SUPERFICIE DEL SENDERO: _____
AVISTAMIENTOS DE TERRENO: _____
_____
RECEPCIÓN DE TELÉFONOS MÓVILES: _____
CAMINÓ CON: _____
_____
AGUA DISPONIBLE: _____
INSTALACIONES: _____
_____
ALIMENTOS Y BEBIDAS: _____
_____

OBSERVACIONES (NATURALEZA, VIDA SALVAJE, ETC.): _____
_____
_____

ACONTECIMIENTO MÁS MEMORABLE: _____
_____
_____

NOTAS PARA LA PRÓXIMA VEZ: _____
_____
_____
_____
_____

DIBUJO DEL SENDERO/FOTO FAVORITA

SENDERISMO/NOMBRE DEL SENDERO: _____

CIUDAD/ESTADO: _____ DATE: _____

UBICACIÓN: _____

HORA: COMIENZA: _____ FIN: _____

DURACIÓN TOTAL: _____ DISTANCIA TOTAL: _____

GANANCIA/PÉRDIDA DE ELEVACIÓN: _____

SENDERO(S): _____
_____

DIFICULTAD: ☆☆☆☆☆   VALORACIÓN: ☆☆☆☆☆

EL TIEMPO: ☀ ⛅ 🌦 ☁ 🌧 ⛈ 🌨 🌡 _____

GPS: COMIENZA: _____ FIN: _____

TIPO DE SENDERO: ○ IDA Y VUELTA   ○ BUCLE   ○ IDA/ LANZADERA

ESTADO DE LOS SENDEROS: _____
SUPERFICIE DEL SENDERO: _____
AVISTAMIENTOS DE TERRENO: _____
_____

RECEPCIÓN DE TELÉFONOS MÓVILES: _____
CAMINÓ CON: _____
_____

AGUA DISPONIBLE: _____
INSTALACIONES: _____
_____

ALIMENTOS Y BEBIDAS: _____
_____

OBSERVACIONES (NATURALEZA, VIDA SALVAJE, ETC.): _____
_____
_____

ACONTECIMIENTO MÁS MEMORABLE: _____
_____
_____

NOTAS PARA LA PRÓXIMA VEZ: _____
_____
_____
_____
_____

DIBUJO DEL SENDERO/FOTO FAVORITA

SENDERISMO/NOMBRE DEL SENDERO: _____

CIUDAD/ESTADO: _____ DATE: _____
UBICACIÓN: _____
    HORA: COMIENZA: _____ FIN: _____
DURACIÓN TOTAL: _____ DISTANCIA TOTAL: _____
GANANCIA/PÉRDIDA DE ELEVACIÓN: _____
SENDERO(S): _____
_____

DIFICULTAD: ☆☆☆☆☆   VALORACIÓN: ☆☆☆☆☆

EL TIEMPO: ☀ ⛅ 🌦 ☁ 🌧 ⛈ 🌨 🌡 _____

GPS: COMIENZA: _____ FIN: _____

TIPO DE SENDERO: ○ IDA Y VUELTA   ○ BUCLE   ○ IDA/ LANZADERA
ESTADO DE LOS SENDEROS: _____
SUPERFICIE DEL SENDERO: _____
AVISTAMIENTOS DE TERRENO: _____
_____
RECEPCIÓN DE TELÉFONOS MÓVILES: _____
CAMINÓ CON: _____
_____

AGUA DISPONIBLE: _____
INSTALACIONES: _____
_____

ALIMENTOS Y BEBIDAS: _____
_____

OBSERVACIONES (NATURALEZA, VIDA SALVAJE, ETC.): _____
_____
_____

ACONTECIMIENTO MÁS MEMORABLE: _____
_____
_____

NOTAS PARA LA PRÓXIMA VEZ: _____
_____
_____
_____
_____

DIBUJO DEL SENDERO/FOTO FAVORITA

SENDERISMO/NOMBRE DEL SENDERO: _____

CIUDAD/ESTADO: _____ DATE: _____

UBICACIÓN: _____

HORA: COMIENZA: _____ FIN: _____

DURACIÓN TOTAL: _____ DISTANCIA TOTAL: _____

GANANCIA/PÉRDIDA DE ELEVACIÓN: _____

SENDERO(S): _____
_____

DIFICULTAD: ☆☆☆☆☆   VALORACIÓN: ☆☆☆☆☆

EL TIEMPO: ☀ ⛅ 🌦 ☁ 🌧 🌧 ❄ 🌡 _____

GPS: COMIENZA: _____ FIN: _____

TIPO DE SENDERO: ○ IDA Y VUELTA   ○ BUCLE   ○ IDA/ LANZADERA

ESTADO DE LOS SENDEROS: _____
SUPERFICIE DEL SENDERO: _____

AVISTAMIENTOS DE TERRENO: _____
_____

RECEPCIÓN DE TELÉFONOS MÓVILES: _____
CAMINÓ CON: _____
_____

AGUA DISPONIBLE: _____
INSTALACIONES: _____
_____

ALIMENTOS Y BEBIDAS: _____
_____

OBSERVACIONES (NATURALEZA, VIDA SALVAJE, ETC.): _____
_____
_____

ACONTECIMIENTO MÁS MEMORABLE: _____
_____
_____

NOTAS PARA LA PRÓXIMA VEZ: _____
_____
_____
_____
_____

DIBUJO DEL SENDERO/FOTO FAVORITA

SENDERISMO/NOMBRE DEL SENDERO: _____

CIUDAD/ESTADO: _____ DATE: _____

UBICACIÓN: _____

HORA: COMIENZA: _____ FIN: _____

DURACIÓN TOTAL: _____ DISTANCIA TOTAL: _____

GANANCIA/PÉRDIDA DE ELEVACIÓN: _____

SENDERO(S): _____
_____

DIFICULTAD: ☆☆☆☆☆   VALORACIÓN: ☆☆☆☆☆

EL TIEMPO: ☀️ ⛅ 🌦️ ☁️ 🌧️ ⛈️ 🌨️ 🌡️ _____

GPS: COMIENZA: _____ FIN: _____

TIPO DE SENDERO: ○ IDA Y VUELTA   ○ BUCLE   ○ IDA/ LANZADERA

ESTADO DE LOS SENDEROS: _____
SUPERFICIE DEL SENDERO: _____
AVISTAMIENTOS DE TERRENO: _____
_____
RECEPCIÓN DE TELÉFONOS MÓVILES: _____
CAMINÓ CON: _____
_____
AGUA DISPONIBLE: _____
INSTALACIONES: _____
_____
ALIMENTOS Y BEBIDAS: _____
_____

OBSERVACIONES (NATURALEZA, VIDA SALVAJE, ETC.): _____
_____
_____

ACONTECIMIENTO MÁS MEMORABLE: _____
_____
_____

NOTAS PARA LA PRÓXIMA VEZ: _____
_____
_____
_____
_____

DIBUJO DEL SENDERO/FOTO FAVORITA

SENDERISMO/NOMBRE DEL SENDERO: _____

CIUDAD/ESTADO: _____   DATE: _____

UBICACIÓN: _____

HORA: COMIENZA: _____   FIN: _____

DURACIÓN TOTAL: _____   DISTANCIA TOTAL: _____

GANANCIA/PÉRDIDA DE ELEVACIÓN: _____

SENDERO(S): _____
_____

DIFICULTAD: ☆☆☆☆☆   VALORACIÓN: ☆☆☆☆☆

EL TIEMPO: ☀️ ⛅ 🌦️ ☁️ 🌧️ ⛈️ 🌨️ 🌡️ _____

GPS: COMIENZA: _____   FIN: _____

TIPO DE SENDERO: ○ IDA Y VUELTA   ○ BUCLE   ○ IDA/ LANZADERA

ESTADO DE LOS SENDEROS: _____
SUPERFICIE DEL SENDERO: _____
AVISTAMIENTOS DE TERRENO: _____
_____
RECEPCIÓN DE TELÉFONOS MÓVILES: _____
CAMINÓ CON: _____
_____

AGUA DISPONIBLE: _____
INSTALACIONES: _____
_____

ALIMENTOS Y BEBIDAS: _____
_____

OBSERVACIONES (NATURALEZA, VIDA SALVAJE, ETC.): _____
_____
_____

ACONTECIMIENTO MÁS MEMORABLE: _____
_____
_____

NOTAS PARA LA PRÓXIMA VEZ: _____
_____
_____
_____
_____

DIBUJO DEL SENDERO/FOTO FAVORITA

SENDERISMO/NOMBRE DEL SENDERO: _____

CIUDAD/ESTADO: _____ DATE: _____

UBICACIÓN: _____

HORA: COMIENZA: _____ FIN: _____

DURACIÓN TOTAL: _____ DISTANCIA TOTAL: _____

GANANCIA/PÉRDIDA DE ELEVACIÓN: _____

SENDERO(S): _____
_____

DIFICULTAD: ☆☆☆☆☆   VALORACIÓN: ☆☆☆☆☆

EL TIEMPO: ☀ ⛅ 🌦 ☁ 🌧 ⛈ 🌨 🌡_____

GPS: COMIENZA: _____ FIN: _____

TIPO DE SENDERO: ○ IDA Y VUELTA   ○ BUCLE   ○ IDA/ LANZADERA

ESTADO DE LOS SENDEROS: _____
SUPERFICIE DEL SENDERO: _____
AVISTAMIENTOS DE TERRENO: _____
_____
RECEPCIÓN DE TELÉFONOS MÓVILES: _____
CAMINÓ CON: _____
_____
AGUA DISPONIBLE: _____
INSTALACIONES: _____
_____
ALIMENTOS Y BEBIDAS: _____
_____

OBSERVACIONES (NATURALEZA, VIDA SALVAJE, ETC.): _____
_____
_____

ACONTECIMIENTO MÁS MEMORABLE: _____
_____
_____

NOTAS PARA LA PRÓXIMA VEZ: _____
_____
_____
_____
_____

DIBUJO DEL SENDERO/FOTO FAVORITA

SENDERISMO/NOMBRE DEL SENDERO: _____

CIUDAD/ESTADO: _____ DATE: _____

UBICACIÓN: _____

HORA: COMIENZA: _____ FIN: _____

DURACIÓN TOTAL: _____ DISTANCIA TOTAL: _____

GANANCIA/PÉRDIDA DE ELEVACIÓN: _____

SENDERO(S): _____
_____

DIFICULTAD: ☆☆☆☆☆   VALORACIÓN: ☆☆☆☆☆

EL TIEMPO: ☀ ⛅ 🌦 ☁ 🌧 ⛈ 🌨 🌡_____

GPS: COMIENZA: _____ FIN: _____

TIPO DE SENDERO: ○ IDA Y VUELTA   ○ BUCLE   ○ IDA/ LANZADERA

ESTADO DE LOS SENDEROS: _____
SUPERFICIE DEL SENDERO: _____
AVISTAMIENTOS DE TERRENO: _____
_____
RECEPCIÓN DE TELÉFONOS MÓVILES: _____
CAMINÓ CON: _____
_____
AGUA DISPONIBLE: _____
INSTALACIONES: _____
_____
ALIMENTOS Y BEBIDAS: _____
_____

OBSERVACIONES (NATURALEZA, VIDA SALVAJE, ETC.): _____
_____
_____

ACONTECIMIENTO MÁS MEMORABLE: _____
_____
_____

NOTAS PARA LA PRÓXIMA VEZ: _____
_____
_____
_____
_____

DIBUJO DEL SENDERO/FOTO FAVORITA

SENDERISMO/NOMBRE DEL SENDERO: _____

CIUDAD/ESTADO: _____ DATE: _____

UBICACIÓN: _____

HORA: COMIENZA: _____ FIN: _____

DURACIÓN TOTAL: _____ DISTANCIA TOTAL: _____

GANANCIA/PÉRDIDA DE ELEVACIÓN: _____

SENDERO(S): _____
_____

DIFICULTAD: ☆☆☆☆☆   VALORACIÓN: ☆☆☆☆☆

EL TIEMPO: ☀ ⛅ 🌦 ☁ 🌧 ⛈ 🌨 🌡_____

GPS: COMIENZA: _____ FIN: _____

TIPO DE SENDERO: ○ IDA Y VUELTA   ○ BUCLE   ○ IDA/ LANZADERA

ESTADO DE LOS SENDEROS: _____
SUPERFICIE DEL SENDERO: _____
AVISTAMIENTOS DE TERRENO: _____
_____

RECEPCIÓN DE TELÉFONOS MÓVILES: _____
CAMINÓ CON: _____
_____

AGUA DISPONIBLE: _____
INSTALACIONES: _____
_____

ALIMENTOS Y BEBIDAS: _____
_____

OBSERVACIONES (NATURALEZA, VIDA SALVAJE, ETC.): _____
_____
_____

ACONTECIMIENTO MÁS MEMORABLE: _____
_____
_____

NOTAS PARA LA PRÓXIMA VEZ: _____
_____
_____
_____
_____

DIBUJO DEL SENDERO/FOTO FAVORITA

SENDERISMO/NOMBRE DEL SENDERO: _____

CIUDAD/ESTADO: _____ DATE: _____
UBICACIÓN: _____
    HORA: COMIENZA: _____ FIN: _____
DURACIÓN TOTAL: _____ DISTANCIA TOTAL: _____
GANANCIA/PÉRDIDA DE ELEVACIÓN: _____
SENDERO(S): _____
_____

DIFICULTAD: ☆☆☆☆☆   VALORACIÓN: ☆☆☆☆☆

EL TIEMPO: ☀ ⛅ 🌦 ☁ 🌧 ⛈ ❄ 🌡 _____

GPS: COMIENZA: _____ FIN: _____

TIPO DE SENDERO: ○ IDA Y VUELTA   ○ BUCLE   ○ IDA/ LANZADERA
ESTADO DE LOS SENDEROS: _____
SUPERFICIE DEL SENDERO: _____
AVISTAMIENTOS DE TERRENO: _____
_____
RECEPCIÓN DE TELÉFONOS MÓVILES: _____
CAMINÓ CON: _____
_____
AGUA DISPONIBLE: _____
INSTALACIONES: _____
_____
ALIMENTOS Y BEBIDAS: _____
_____

OBSERVACIONES (NATURALEZA, VIDA SALVAJE, ETC.): _____
_____
_____

ACONTECIMIENTO MÁS MEMORABLE: _____
_____
_____

NOTAS PARA LA PRÓXIMA VEZ: _____
_____
_____
_____
_____

DIBUJO DEL SENDERO/FOTO FAVORITA

SENDERISMO/NOMBRE DEL SENDERO: _____

CIUDAD/ESTADO: _____ DATE: _____

UBICACIÓN: _____

HORA: COMIENZA: _____ FIN: _____

DURACIÓN TOTAL: _____ DISTANCIA TOTAL: _____

GANANCIA/PÉRDIDA DE ELEVACIÓN: _____

SENDERO(S): _____
_____

DIFICULTAD: ☆☆☆☆☆   VALORACIÓN: ☆☆☆☆☆

EL TIEMPO: ☀ ⛅ 🌦 ☁ 🌧 ⛈ 🌨 🌡 _____

GPS: COMIENZA: _____ FIN: _____

TIPO DE SENDERO: ○ IDA Y VUELTA   ○ BUCLE   ○ IDA/ LANZADERA

ESTADO DE LOS SENDEROS: _____
SUPERFICIE DEL SENDERO: _____
AVISTAMIENTOS DE TERRENO: _____
_____
RECEPCIÓN DE TELÉFONOS MÓVILES: _____
CAMINÓ CON: _____
_____
AGUA DISPONIBLE: _____
INSTALACIONES: _____
_____
ALIMENTOS Y BEBIDAS: _____
_____

OBSERVACIONES (NATURALEZA, VIDA SALVAJE, ETC.): _____
_____
_____

ACONTECIMIENTO MÁS MEMORABLE: _____
_____
_____

NOTAS PARA LA PRÓXIMA VEZ: _____
_____
_____
_____
_____

DIBUJO DEL SENDERO/FOTO FAVORITA

SENDERISMO/NOMBRE DEL SENDERO: _____

CIUDAD/ESTADO: _____ DATE: _____

UBICACIÓN: _____

HORA: COMIENZA: _____ FIN: _____

DURACIÓN TOTAL: _____ DISTANCIA TOTAL: _____

GANANCIA/PÉRDIDA DE ELEVACIÓN: _____

SENDERO(S): _____
_____

DIFICULTAD: ☆☆☆☆☆   VALORACIÓN: ☆☆☆☆☆

EL TIEMPO: ☀️ 🌤️ 🌥️ ☁️ 🌧️ ⛈️ 🌨️ 🌡️ _____

GPS: COMIENZA: _____ FIN: _____

TIPO DE SENDERO: ○ IDA Y VUELTA   ○ BUCLE   ○ IDA/ LANZADERA

ESTADO DE LOS SENDEROS: _____
SUPERFICIE DEL SENDERO: _____
AVISTAMIENTOS DE TERRENO: _____
_____

RECEPCIÓN DE TELÉFONOS MÓVILES: _____
CAMINÓ CON: _____
_____

AGUA DISPONIBLE: _____
INSTALACIONES: _____
_____

ALIMENTOS Y BEBIDAS: _____
_____

OBSERVACIONES (NATURALEZA, VIDA SALVAJE, ETC.): _____
_____
_____

ACONTECIMIENTO MÁS MEMORABLE: _____
_____
_____

NOTAS PARA LA PRÓXIMA VEZ: _____
_____
_____
_____
_____

DIBUJO DEL SENDERO/FOTO FAVORITA

SENDERISMO/NOMBRE DEL SENDERO: _____

CIUDAD/ESTADO: _____ DATE: _____
UBICACIÓN: _____
   HORA: COMIENZA: _____ FIN: _____
DURACIÓN TOTAL: _____ DISTANCIA TOTAL: _____
GANANCIA/PÉRDIDA DE ELEVACIÓN: _____
SENDERO(S): _____
_____

DIFICULTAD: ☆☆☆☆☆   VALORACIÓN: ☆☆☆☆☆

EL TIEMPO: ☀ ⛅ 🌦 ☁ 🌧 ⛈ 🌨 🌡 _____

GPS: COMIENZA: _____ FIN: _____

TIPO DE SENDERO: ○ IDA Y VUELTA   ○ BUCLE   ○ IDA/ LANZADERA
ESTADO DE LOS SENDEROS: _____
SUPERFICIE DEL SENDERO: _____
AVISTAMIENTOS DE TERRENO: _____
_____
RECEPCIÓN DE TELÉFONOS MÓVILES: _____
CAMINÓ CON: _____
_____

AGUA DISPONIBLE: _____
INSTALACIONES: _____
_____

ALIMENTOS Y BEBIDAS: _____
_____

OBSERVACIONES (NATURALEZA, VIDA SALVAJE, ETC.): _____
_____
_____

ACONTECIMIENTO MÁS MEMORABLE: _____
_____
_____

NOTAS PARA LA PRÓXIMA VEZ: _____
_____
_____
_____
_____

DIBUJO DEL SENDERO/FOTO FAVORITA

SENDERISMO/NOMBRE DEL SENDERO: _____

CIUDAD/ESTADO: _____ DATE: _____

UBICACIÓN: _____

HORA: COMIENZA: _____ FIN: _____

DURACIÓN TOTAL: _____ DISTANCIA TOTAL: _____

GANANCIA/PÉRDIDA DE ELEVACIÓN: _____

SENDERO(S): _____
_____

DIFICULTAD: ☆☆☆☆☆   VALORACIÓN: ☆☆☆☆☆

EL TIEMPO: ☀ ⛅ 🌦 ☁ 🌧 ⛈ 🌨 🌡 _____

GPS: COMIENZA: _____ FIN: _____

TIPO DE SENDERO: ○ IDA Y VUELTA   ○ BUCLE   ○ IDA/ LANZADERA

ESTADO DE LOS SENDEROS: _____
SUPERFICIE DEL SENDERO: _____
AVISTAMIENTOS DE TERRENO: _____
_____

RECEPCIÓN DE TELÉFONOS MÓVILES: _____
CAMINÓ CON: _____
_____

AGUA DISPONIBLE: _____
INSTALACIONES: _____
_____

ALIMENTOS Y BEBIDAS: _____
_____

OBSERVACIONES (NATURALEZA, VIDA SALVAJE, ETC.): _____
_____
_____

ACONTECIMIENTO MÁS MEMORABLE: _____
_____
_____

NOTAS PARA LA PRÓXIMA VEZ: _____
_____
_____
_____
_____

DIBUJO DEL SENDERO/FOTO FAVORITA

SENDERISMO/NOMBRE DEL SENDERO: _____

CIUDAD/ESTADO: _____   DATE: _____
UBICACIÓN: _____
   HORA: COMIENZA: _____   FIN: _____
DURACIÓN TOTAL: _____   DISTANCIA TOTAL: _____
GANANCIA/PÉRDIDA DE ELEVACIÓN: _____
SENDERO(S): _____
_____

DIFICULTAD: ☆☆☆☆☆   VALORACIÓN: ☆☆☆☆☆

EL TIEMPO: ☀ ⛅ 🌦 ☁ 🌧 ⛈ 🌨 🌡 _____

GPS: COMIENZA: _____   FIN: _____

TIPO DE SENDERO: ○ IDA Y VUELTA   ○ BUCLE   ○ IDA/ LANZADERA
ESTADO DE LOS SENDEROS: _____
SUPERFICIE DEL SENDERO: _____
AVISTAMIENTOS DE TERRENO: _____
_____
RECEPCIÓN DE TELÉFONOS MÓVILES: _____
CAMINÓ CON: _____
_____
AGUA DISPONIBLE: _____
INSTALACIONES: _____
_____
ALIMENTOS Y BEBIDAS: _____
_____

OBSERVACIONES (NATURALEZA, VIDA SALVAJE, ETC.): _____
_____
_____

ACONTECIMIENTO MÁS MEMORABLE: _____
_____
_____

NOTAS PARA LA PRÓXIMA VEZ: _____
_____
_____
_____
_____

DIBUJO DEL SENDERO/FOTO FAVORITA

SENDERISMO/NOMBRE DEL SENDERO: _____

CIUDAD/ESTADO: _____ DATE: _____

UBICACIÓN: _____

HORA: COMIENZA: _____ FIN: _____

DURACIÓN TOTAL: _____ DISTANCIA TOTAL: _____

GANANCIA/PÉRDIDA DE ELEVACIÓN: _____

SENDERO(S): _____
_____

DIFICULTAD: ☆☆☆☆☆   VALORACIÓN: ☆☆☆☆☆

EL TIEMPO: ☀ ⛅ 🌦 ☁ 🌧 ⛈ 🌨 🌡 _____

GPS: COMIENZA: _____ FIN: _____

TIPO DE SENDERO: ○ IDA Y VUELTA   ○ BUCLE   ○ IDA/ LANZADERA

ESTADO DE LOS SENDEROS: _____
SUPERFICIE DEL SENDERO: _____
AVISTAMIENTOS DE TERRENO: _____
_____
RECEPCIÓN DE TELÉFONOS MÓVILES: _____
CAMINÓ CON: _____
_____
AGUA DISPONIBLE: _____
INSTALACIONES: _____
_____
ALIMENTOS Y BEBIDAS: _____
_____

OBSERVACIONES (NATURALEZA, VIDA SALVAJE, ETC.): _____
_____
_____

ACONTECIMIENTO MÁS MEMORABLE: _____
_____
_____

NOTAS PARA LA PRÓXIMA VEZ: _____
_____
_____
_____
_____

DIBUJO DEL SENDERO/FOTO FAVORITA

SENDERISMO/NOMBRE DEL SENDERO: _____

CIUDAD/ESTADO: _____ DATE: _____

UBICACIÓN: _____

HORA: COMIENZA: _____ FIN: _____

DURACIÓN TOTAL: _____ DISTANCIA TOTAL: _____

GANANCIA/PÉRDIDA DE ELEVACIÓN: _____

SENDERO(S): _____
_____

DIFICULTAD: ☆☆☆☆☆   VALORACIÓN: ☆☆☆☆☆

EL TIEMPO: ☀ ⛅ 🌦 ☁ 🌧 ⛈ 🌨 🌡 _____

GPS: COMIENZA: _____ FIN: _____

TIPO DE SENDERO: ○ IDA Y VUELTA   ○ BUCLE   ○ IDA/ LANZADERA

ESTADO DE LOS SENDEROS: _____
SUPERFICIE DEL SENDERO: _____
AVISTAMIENTOS DE TERRENO: _____
_____
RECEPCIÓN DE TELÉFONOS MÓVILES: _____
CAMINÓ CON: _____
_____
AGUA DISPONIBLE: _____
INSTALACIONES: _____
_____
ALIMENTOS Y BEBIDAS: _____
_____

OBSERVACIONES (NATURALEZA, VIDA SALVAJE, ETC.): _____
_____
_____

ACONTECIMIENTO MÁS MEMORABLE: _____
_____
_____

NOTAS PARA LA PRÓXIMA VEZ: _____
_____
_____
_____
_____

DIBUJO DEL SENDERO/FOTO FAVORITA

SENDERISMO/NOMBRE DEL SENDERO: _____

CIUDAD/ESTADO: _____ DATE: _____

UBICACIÓN: _____

HORA: COMIENZA: _____ FIN: _____

DURACIÓN TOTAL: _____ DISTANCIA TOTAL: _____

GANANCIA/PÉRDIDA DE ELEVACIÓN: _____

SENDERO(S): _____
_____

DIFICULTAD: ☆☆☆☆☆   VALORACIÓN: ☆☆☆☆☆

EL TIEMPO: ☀️ ⛅ 🌦️ ☁️ 🌧️ ⛈️ 🌨️ 🌡️ _____

GPS: COMIENZA: _____ FIN: _____

TIPO DE SENDERO: ○ IDA Y VUELTA   ○ BUCLE   ○ IDA/ LANZADERA

ESTADO DE LOS SENDEROS: _____
SUPERFICIE DEL SENDERO: _____
AVISTAMIENTOS DE TERRENO: _____
_____
RECEPCIÓN DE TELÉFONOS MÓVILES: _____
CAMINÓ CON: _____
_____
AGUA DISPONIBLE: _____
INSTALACIONES: _____
_____
ALIMENTOS Y BEBIDAS: _____
_____

OBSERVACIONES (NATURALEZA, VIDA SALVAJE, ETC.): _____
_____
_____

ACONTECIMIENTO MÁS MEMORABLE: _____
_____
_____

NOTAS PARA LA PRÓXIMA VEZ: _____
_____
_____
_____
_____

DIBUJO DEL SENDERO/FOTO FAVORITA

SENDERISMO/NOMBRE DEL SENDERO: _____

CIUDAD/ESTADO: _____ DATE: _____

UBICACIÓN: _____

HORA: COMIENZA: _____ FIN: _____

DURACIÓN TOTAL: _____ DISTANCIA TOTAL: _____

GANANCIA/PÉRDIDA DE ELEVACIÓN: _____

SENDERO(S): _____
_____

DIFICULTAD: ☆☆☆☆☆   VALORACIÓN: ☆☆☆☆☆

EL TIEMPO: ☀ ⛅ 🌦 ☁ 🌧 ⛈ ❄ 🌡 _____

GPS: COMIENZA: _____ FIN: _____

TIPO DE SENDERO: ○ IDA Y VUELTA   ○ BUCLE   ○ IDA/ LANZADERA

ESTADO DE LOS SENDEROS: _____
SUPERFICIE DEL SENDERO: _____
AVISTAMIENTOS DE TERRENO: _____
_____
RECEPCIÓN DE TELÉFONOS MÓVILES: _____
CAMINÓ CON: _____
_____
AGUA DISPONIBLE: _____
INSTALACIONES: _____
_____
ALIMENTOS Y BEBIDAS: _____

OBSERVACIONES (NATURALEZA, VIDA SALVAJE, ETC.): _____
_____
_____

ACONTECIMIENTO MÁS MEMORABLE: _____
_____
_____

NOTAS PARA LA PRÓXIMA VEZ: _____
_____
_____
_____
_____

DIBUJO DEL SENDERO/FOTO FAVORITA

SENDERISMO/NOMBRE DEL SENDERO: _____

CIUDAD/ESTADO: _____ DATE: _____

UBICACIÓN: _____

HORA: COMIENZA: _____ FIN: _____

DURACIÓN TOTAL: _____ DISTANCIA TOTAL: _____

GANANCIA/PÉRDIDA DE ELEVACIÓN: _____

SENDERO(S): _____
_____

DIFICULTAD: ☆☆☆☆☆   VALORACIÓN: ☆☆☆☆☆

EL TIEMPO: ☀️ ⛅ 🌤️ ☁️ 🌧️ ⛈️ 🌨️ 🌡️ _____

GPS: COMIENZA: _____ FIN: _____

TIPO DE SENDERO: ○ IDA Y VUELTA   ○ BUCLE   ○ IDA/ LANZADERA

ESTADO DE LOS SENDEROS: _____
SUPERFICIE DEL SENDERO: _____
AVISTAMIENTOS DE TERRENO: _____
_____

RECEPCIÓN DE TELÉFONOS MÓVILES: _____
CAMINÓ CON: _____
_____

AGUA DISPONIBLE: _____
INSTALACIONES: _____
_____

ALIMENTOS Y BEBIDAS: _____
_____

OBSERVACIONES (NATURALEZA, VIDA SALVAJE, ETC.): _____
_____
_____

ACONTECIMIENTO MÁS MEMORABLE: _____
_____
_____

NOTAS PARA LA PRÓXIMA VEZ: _____
_____
_____
_____
_____

DIBUJO DEL SENDERO/FOTO FAVORITA

SENDERISMO/NOMBRE DEL SENDERO: _____

CIUDAD/ESTADO: _____ DATE: _____

UBICACIÓN: _____

HORA: COMIENZA: _____ FIN: _____

DURACIÓN TOTAL: _____ DISTANCIA TOTAL: _____

GANANCIA/PÉRDIDA DE ELEVACIÓN: _____

SENDERO(S): _____
_____

DIFICULTAD: ☆☆☆☆☆   VALORACIÓN: ☆☆☆☆☆

EL TIEMPO: ☀️ ⛅ 🌦️ ☁️ 🌧️ ⛈️ 🌨️ 🌡️ _____

GPS: COMIENZA: _____ FIN: _____

TIPO DE SENDERO: ○ IDA Y VUELTA   ○ BUCLE   ○ IDA/ LANZADERA

ESTADO DE LOS SENDEROS: _____

SUPERFICIE DEL SENDERO: _____

AVISTAMIENTOS DE TERRENO: _____
_____

RECEPCIÓN DE TELÉFONOS MÓVILES: _____

CAMINÓ CON: _____
_____

AGUA DISPONIBLE: _____

INSTALACIONES: _____
_____

ALIMENTOS Y BEBIDAS: _____

OBSERVACIONES (NATURALEZA, VIDA SALVAJE, ETC.): _____
_____
_____

ACONTECIMIENTO MÁS MEMORABLE: _____
_____
_____

NOTAS PARA LA PRÓXIMA VEZ: _____
_____
_____
_____
_____

DIBUJO DEL SENDERO/FOTO FAVORITA

SENDERISMO/NOMBRE DEL SENDERO: _____

CIUDAD/ESTADO: _____   DATE: _____

UBICACIÓN: _____

HORA: COMIENZA: _____   FIN: _____

DURACIÓN TOTAL: _____   DISTANCIA TOTAL: _____

GANANCIA/PÉRDIDA DE ELEVACIÓN: _____

SENDERO(S): _____
_____

DIFICULTAD: ☆☆☆☆☆   VALORACIÓN: ☆☆☆☆☆

EL TIEMPO: ☀ ⛅ 🌦 ☁ 🌧 🌧 ❄ 🌡 _____

GPS: COMIENZA: _____   FIN: _____

TIPO DE SENDERO: ○ IDA Y VUELTA   ○ BUCLE   ○ IDA/ LANZADERA

ESTADO DE LOS SENDEROS: _____
SUPERFICIE DEL SENDERO: _____
AVISTAMIENTOS DE TERRENO: _____
_____
RECEPCIÓN DE TELÉFONOS MÓVILES: _____
CAMINÓ CON: _____
_____
AGUA DISPONIBLE: _____
INSTALACIONES: _____
_____
ALIMENTOS Y BEBIDAS: _____
_____

OBSERVACIONES (NATURALEZA, VIDA SALVAJE, ETC.): _____
_____
_____

ACONTECIMIENTO MÁS MEMORABLE: _____
_____
_____

NOTAS PARA LA PRÓXIMA VEZ: _____
_____
_____
_____
_____

DIBUJO DEL SENDERO/FOTO FAVORITA

SENDERISMO/NOMBRE DEL SENDERO: _____

CIUDAD/ESTADO: _____   DATE: _____

UBICACIÓN: _____

HORA: COMIENZA: _____   FIN: _____

DURACIÓN TOTAL: _____   DISTANCIA TOTAL: _____

GANANCIA/PÉRDIDA DE ELEVACIÓN: _____

SENDERO(S): _____
_____

DIFICULTAD: ☆☆☆☆☆   VALORACIÓN: ☆☆☆☆☆

EL TIEMPO: ☀️ ⛅ 🌤️ ☁️ 🌧️ ⛈️ 🌨️ 🌡️ _____

GPS: COMIENZA: _____   FIN: _____

TIPO DE SENDERO: ○ IDA Y VUELTA   ○ BUCLE   ○ IDA/ LANZADERA

ESTADO DE LOS SENDEROS: _____
SUPERFICIE DEL SENDERO: _____
AVISTAMIENTOS DE TERRENO: _____
_____
RECEPCIÓN DE TELÉFONOS MÓVILES: _____
CAMINÓ CON: _____
_____
AGUA DISPONIBLE: _____
INSTALACIONES: _____
_____
ALIMENTOS Y BEBIDAS: _____
_____

OBSERVACIONES (NATURALEZA, VIDA SALVAJE, ETC.): _____
_____
_____

ACONTECIMIENTO MÁS MEMORABLE: _____
_____
_____

NOTAS PARA LA PRÓXIMA VEZ: _____
_____
_____
_____
_____

DIBUJO DEL SENDERO/FOTO FAVORITA

SENDERISMO/NOMBRE DEL SENDERO: _____

CIUDAD/ESTADO: _____ DATE: _____

UBICACIÓN: _____

HORA: COMIENZA: _____ FIN: _____

DURACIÓN TOTAL: _____ DISTANCIA TOTAL: _____

GANANCIA/PÉRDIDA DE ELEVACIÓN: _____

SENDERO(S): _____
_____

DIFICULTAD: ☆☆☆☆☆   VALORACIÓN: ☆☆☆☆☆

EL TIEMPO: ☀ ⛅ 🌦 ☁ 🌧 ⛈ ❄ 🌡 _____

GPS: COMIENZA: _____ FIN: _____

TIPO DE SENDERO: ○ IDA Y VUELTA   ○ BUCLE   ○ IDA/ LANZADERA

ESTADO DE LOS SENDEROS: _____
SUPERFICIE DEL SENDERO: _____
AVISTAMIENTOS DE TERRENO: _____
_____

RECEPCIÓN DE TELÉFONOS MÓVILES: _____
CAMINÓ CON: _____
_____

AGUA DISPONIBLE: _____
INSTALACIONES: _____
_____

ALIMENTOS Y BEBIDAS: _____

OBSERVACIONES (NATURALEZA, VIDA SALVAJE, ETC.): _____
_____
_____

ACONTECIMIENTO MÁS MEMORABLE: _____
_____
_____

NOTAS PARA LA PRÓXIMA VEZ: _____
_____
_____
_____
_____

DIBUJO DEL SENDERO/FOTO FAVORITA

SENDERISMO/NOMBRE DEL SENDERO: _____

CIUDAD/ESTADO: _____ DATE: _____

UBICACIÓN: _____

HORA: COMIENZA: _____ FIN: _____

DURACIÓN TOTAL: _____ DISTANCIA TOTAL: _____

GANANCIA/PÉRDIDA DE ELEVACIÓN: _____

SENDERO(S): _____
_____

DIFICULTAD: ☆☆☆☆☆   VALORACIÓN: ☆☆☆☆☆

EL TIEMPO: ☀ ⛅ 🌤 ☁ 🌧 ⛈ 🌨 🌡 _____

GPS: COMIENZA: _____ FIN: _____

TIPO DE SENDERO: ○ IDA Y VUELTA   ○ BUCLE   ○ IDA/ LANZADERA

ESTADO DE LOS SENDEROS: _____
SUPERFICIE DEL SENDERO: _____
AVISTAMIENTOS DE TERRENO: _____
_____
RECEPCIÓN DE TELÉFONOS MÓVILES: _____
CAMINÓ CON: _____
_____
AGUA DISPONIBLE: _____
INSTALACIONES: _____
_____
ALIMENTOS Y BEBIDAS: _____

OBSERVACIONES (NATURALEZA, VIDA SALVAJE, ETC.): _____
_____
_____

ACONTECIMIENTO MÁS MEMORABLE: _____
_____
_____

NOTAS PARA LA PRÓXIMA VEZ: _____
_____
_____
_____
_____

DIBUJO DEL SENDERO/FOTO FAVORITA

SENDERISMO/NOMBRE DEL SENDERO: _____

CIUDAD/ESTADO: _____ DATE: _____

UBICACIÓN: _____

HORA: COMIENZA: _____ FIN: _____

DURACIÓN TOTAL: _____ DISTANCIA TOTAL: _____

GANANCIA/PÉRDIDA DE ELEVACIÓN: _____

SENDERO(S): _____
_____

DIFICULTAD: ☆☆☆☆☆   VALORACIÓN: ☆☆☆☆☆

EL TIEMPO: ☀️ 🌤️ 🌦️ ☁️ 🌧️ ⛈️ ❄️ 🌡️ _____

GPS: COMIENZA: _____ FIN: _____

TIPO DE SENDERO: ○ IDA Y VUELTA   ○ BUCLE   ○ IDA/ LANZADERA

ESTADO DE LOS SENDEROS: _____
SUPERFICIE DEL SENDERO: _____
AVISTAMIENTOS DE TERRENO: _____
_____
RECEPCIÓN DE TELÉFONOS MÓVILES: _____
CAMINÓ CON: _____
_____
AGUA DISPONIBLE: _____
INSTALACIONES: _____
_____
ALIMENTOS Y BEBIDAS: _____
_____

OBSERVACIONES (NATURALEZA, VIDA SALVAJE, ETC.): _____
_____
_____

ACONTECIMIENTO MÁS MEMORABLE: _____
_____
_____

NOTAS PARA LA PRÓXIMA VEZ: _____
_____
_____
_____
_____

DIBUJO DEL SENDERO/FOTO FAVORITA

SENDERISMO/NOMBRE DEL SENDERO: _____

CIUDAD/ESTADO: _____ DATE: _____

UBICACIÓN: _____

HORA: COMIENZA: _____ FIN: _____

DURACIÓN TOTAL: _____ DISTANCIA TOTAL: _____

GANANCIA/PÉRDIDA DE ELEVACIÓN: _____

SENDERO(S): _____
_____

DIFICULTAD: ☆☆☆☆☆   VALORACIÓN: ☆☆☆☆☆

EL TIEMPO: ☀ ⛅ 🌤 ☁ 🌧 🌧 ❄ 🌡 _____

GPS: COMIENZA: _____ FIN: _____

TIPO DE SENDERO: ○ IDA Y VUELTA   ○ BUCLE   ○ IDA/ LANZADERA

ESTADO DE LOS SENDEROS: _____
SUPERFICIE DEL SENDERO: _____
AVISTAMIENTOS DE TERRENO: _____
_____
RECEPCIÓN DE TELÉFONOS MÓVILES: _____
CAMINÓ CON: _____
_____
AGUA DISPONIBLE: _____
INSTALACIONES: _____
_____
ALIMENTOS Y BEBIDAS: _____
_____

OBSERVACIONES (NATURALEZA, VIDA SALVAJE, ETC.): _____
_____
_____

ACONTECIMIENTO MÁS MEMORABLE: _____
_____
_____

NOTAS PARA LA PRÓXIMA VEZ: _____
_____
_____
_____
_____

DIBUJO DEL SENDERO/FOTO FAVORITA

SENDERISMO/NOMBRE DEL SENDERO: _____

CIUDAD/ESTADO: _____ DATE: _____

UBICACIÓN: _____

HORA: COMIENZA: _____ FIN: _____

DURACIÓN TOTAL: _____ DISTANCIA TOTAL: _____

GANANCIA/PÉRDIDA DE ELEVACIÓN: _____

SENDERO(S): _____

DIFICULTAD: ☆☆☆☆☆   VALORACIÓN: ☆☆☆☆☆

EL TIEMPO: ☀ ⛅ 🌦 ☁ 🌧 ⛈ ❄ 🌡 _____

GPS: COMIENZA: _____ FIN: _____

TIPO DE SENDERO: ○ IDA Y VUELTA   ○ BUCLE   ○ IDA/ LANZADERA

ESTADO DE LOS SENDEROS: _____

SUPERFICIE DEL SENDERO: _____

AVISTAMIENTOS DE TERRENO: _____

RECEPCIÓN DE TELÉFONOS MÓVILES: _____

CAMINÓ CON: _____

AGUA DISPONIBLE: _____

INSTALACIONES: _____

ALIMENTOS Y BEBIDAS: _____

OBSERVACIONES (NATURALEZA, VIDA SALVAJE, ETC.): _____
_____
_____

ACONTECIMIENTO MÁS MEMORABLE: _____
_____
_____

NOTAS PARA LA PRÓXIMA VEZ: _____
_____
_____
_____
_____

DIBUJO DEL SENDERO/FOTO FAVORITA

SENDERISMO/NOMBRE DEL SENDERO: _____

CIUDAD/ESTADO: _____ DATE: _____

UBICACIÓN: _____

HORA: COMIENZA: _____ FIN: _____

DURACIÓN TOTAL: _____ DISTANCIA TOTAL: _____

GANANCIA/PÉRDIDA DE ELEVACIÓN: _____

SENDERO(S): _____
_____

DIFICULTAD: ☆☆☆☆☆   VALORACIÓN: ☆☆☆☆☆

EL TIEMPO: ☀️ ⛅ 🌤️ ☁️ 🌧️ ⛈️ 🌨️ 🌡️ _____

GPS: COMIENZA: _____ FIN: _____

TIPO DE SENDERO: ○ IDA Y VUELTA   ○ BUCLE   ○ IDA/ LANZADERA

ESTADO DE LOS SENDEROS: _____
SUPERFICIE DEL SENDERO: _____
AVISTAMIENTOS DE TERRENO: _____
_____
RECEPCIÓN DE TELÉFONOS MÓVILES: _____
CAMINÓ CON: _____
_____

AGUA DISPONIBLE: _____
INSTALACIONES: _____
_____

ALIMENTOS Y BEBIDAS: _____
_____

OBSERVACIONES (NATURALEZA, VIDA SALVAJE, ETC.): _____
_____
_____

ACONTECIMIENTO MÁS MEMORABLE: _____
_____
_____

NOTAS PARA LA PRÓXIMA VEZ: _____
_____
_____
_____
_____

DIBUJO DEL SENDERO/FOTO FAVORITA

SENDERISMO/NOMBRE DEL SENDERO: _____

CIUDAD/ESTADO: _____ DATE: _____

UBICACIÓN: _____

HORA: COMIENZA: _____ FIN: _____

DURACIÓN TOTAL: _____ DISTANCIA TOTAL: _____

GANANCIA/PÉRDIDA DE ELEVACIÓN: _____

SENDERO(S): _____
_____

DIFICULTAD: ☆☆☆☆☆   VALORACIÓN: ☆☆☆☆☆

EL TIEMPO: ☀️ ⛅ 🌦️ ☁️ 🌧️ ⛈️ 🌨️ 🌡️ _____

GPS: COMIENZA: _____ FIN: _____

TIPO DE SENDERO: ○ IDA Y VUELTA   ○ BUCLE   ○ IDA/ LANZADERA

ESTADO DE LOS SENDEROS: _____
SUPERFICIE DEL SENDERO: _____
AVISTAMIENTOS DE TERRENO: _____
_____

RECEPCIÓN DE TELÉFONOS MÓVILES: _____
CAMINÓ CON: _____
_____

AGUA DISPONIBLE: _____
INSTALACIONES: _____
_____

ALIMENTOS Y BEBIDAS: _____
_____

OBSERVACIONES (NATURALEZA, VIDA SALVAJE, ETC.): _____
_____
_____

ACONTECIMIENTO MÁS MEMORABLE: _____
_____
_____

NOTAS PARA LA PRÓXIMA VEZ: _____
_____
_____
_____
_____

DIBUJO DEL SENDERO/FOTO FAVORITA

SENDERISMO/NOMBRE DEL SENDERO: _____

CIUDAD/ESTADO: _____ DATE: _____

UBICACIÓN: _____

HORA: COMIENZA: _____ FIN: _____

DURACIÓN TOTAL: _____ DISTANCIA TOTAL: _____

GANANCIA/PÉRDIDA DE ELEVACIÓN: _____

SENDERO(S): _____
_____

DIFICULTAD: ☆☆☆☆☆   VALORACIÓN: ☆☆☆☆☆

EL TIEMPO: ☀️ ⛅ 🌦️ ☁️ 🌧️ ⛈️ 🌨️ 🌡️ _____

GPS: COMIENZA: _____ FIN: _____

TIPO DE SENDERO: ○ IDA Y VUELTA   ○ BUCLE   ○ IDA/ LANZADERA

ESTADO DE LOS SENDEROS: _____
SUPERFICIE DEL SENDERO: _____
AVISTAMIENTOS DE TERRENO: _____
_____
RECEPCIÓN DE TELÉFONOS MÓVILES: _____
CAMINÓ CON: _____
_____
AGUA DISPONIBLE: _____
INSTALACIONES: _____
_____
ALIMENTOS Y BEBIDAS: _____
_____

OBSERVACIONES (NATURALEZA, VIDA SALVAJE, ETC.): _____
_____
_____

ACONTECIMIENTO MÁS MEMORABLE: _____
_____
_____

NOTAS PARA LA PRÓXIMA VEZ: _____
_____
_____
_____
_____

DIBUJO DEL SENDERO/FOTO FAVORITA

SENDERISMO/NOMBRE DEL SENDERO: _____

CIUDAD/ESTADO: _____ DATE: _____

UBICACIÓN: _____

HORA: COMIENZA: _____ FIN: _____

DURACIÓN TOTAL: _____ DISTANCIA TOTAL: _____

GANANCIA/PÉRDIDA DE ELEVACIÓN: _____

SENDERO(S): _____
_____

DIFICULTAD: ☆☆☆☆☆   VALORACIÓN: ☆☆☆☆☆

EL TIEMPO: ☀️ ⛅ 🌦️ ☁️ 🌧️ ⛈️ 🌨️ 🌡️ _____

GPS: COMIENZA: _____ FIN: _____

TIPO DE SENDERO: ○ IDA Y VUELTA   ○ BUCLE   ○ IDA/ LANZADERA

ESTADO DE LOS SENDEROS: _____
SUPERFICIE DEL SENDERO: _____

AVISTAMIENTOS DE TERRENO: _____
_____

RECEPCIÓN DE TELÉFONOS MÓVILES: _____
CAMINÓ CON: _____
_____

AGUA DISPONIBLE: _____
INSTALACIONES: _____
_____

ALIMENTOS Y BEBIDAS: _____
_____

OBSERVACIONES (NATURALEZA, VIDA SALVAJE, ETC.): _____
_____
_____

ACONTECIMIENTO MÁS MEMORABLE: _____
_____
_____

NOTAS PARA LA PRÓXIMA VEZ: _____
_____
_____
_____
_____

DIBUJO DEL SENDERO/FOTO FAVORITA

SENDERISMO/NOMBRE DEL SENDERO: _____

CIUDAD/ESTADO: _____ DATE: _____

UBICACIÓN: _____

HORA: COMIENZA: _____ FIN: _____

DURACIÓN TOTAL: _____ DISTANCIA TOTAL: _____

GANANCIA/PÉRDIDA DE ELEVACIÓN: _____

SENDERO(S): _____
_____

DIFICULTAD: ☆☆☆☆☆   VALORACIÓN: ☆☆☆☆☆

EL TIEMPO: ☀ ⛅ 🌦 ☁ 🌧 ⛈ ❄ 🌡 _____

GPS: COMIENZA: _____ FIN: _____

TIPO DE SENDERO: ○ IDA Y VUELTA   ○ BUCLE   ○ IDA/ LANZADERA

ESTADO DE LOS SENDEROS: _____
SUPERFICIE DEL SENDERO: _____
AVISTAMIENTOS DE TERRENO: _____
_____

RECEPCIÓN DE TELÉFONOS MÓVILES: _____
CAMINÓ CON: _____
_____

AGUA DISPONIBLE: _____
INSTALACIONES: _____
_____

ALIMENTOS Y BEBIDAS: _____
_____

OBSERVACIONES (NATURALEZA, VIDA SALVAJE, ETC.): _____
_____
_____

ACONTECIMIENTO MÁS MEMORABLE: _____
_____
_____

NOTAS PARA LA PRÓXIMA VEZ: _____
_____
_____
_____
_____

DIBUJO DEL SENDERO/FOTO FAVORITA

SENDERISMO/NOMBRE DEL SENDERO: _____

CIUDAD/ESTADO: _____ DATE: _____

UBICACIÓN: _____

HORA: COMIENZA: _____ FIN: _____

DURACIÓN TOTAL: _____ DISTANCIA TOTAL: _____

GANANCIA/PÉRDIDA DE ELEVACIÓN: _____

SENDERO(S): _____

DIFICULTAD: ☆☆☆☆☆   VALORACIÓN: ☆☆☆☆☆

EL TIEMPO: ☀️ ⛅ 🌤️ ☁️ 🌧️ ⛈️ 🌨️ 🌡️_____

GPS: COMIENZA: _____ FIN: _____

TIPO DE SENDERO: ○ IDA Y VUELTA   ○ BUCLE   ○ IDA/ LANZADERA

ESTADO DE LOS SENDEROS: _____
SUPERFICIE DEL SENDERO: _____
AVISTAMIENTOS DE TERRENO: _____
_____
RECEPCIÓN DE TELÉFONOS MÓVILES: _____
CAMINÓ CON: _____
_____
AGUA DISPONIBLE: _____
INSTALACIONES: _____
_____
ALIMENTOS Y BEBIDAS: _____
_____

OBSERVACIONES (NATURALEZA, VIDA SALVAJE, ETC.): _____
_____
_____

ACONTECIMIENTO MÁS MEMORABLE: _____
_____
_____

NOTAS PARA LA PRÓXIMA VEZ: _____
_____
_____
_____
_____

DIBUJO DEL SENDERO/FOTO FAVORITA

SENDERISMO/NOMBRE DEL SENDERO: _____

CIUDAD/ESTADO: _____ DATE: _____

UBICACIÓN: _____

HORA: COMIENZA: _____ FIN: _____

DURACIÓN TOTAL: _____ DISTANCIA TOTAL: _____

GANANCIA/PÉRDIDA DE ELEVACIÓN: _____

SENDERO(S): _____
_____

DIFICULTAD: ☆☆☆☆☆   VALORACIÓN: ☆☆☆☆☆

EL TIEMPO: ☀️ ⛅ 🌦️ ☁️ 🌧️ ⛈️ 🌨️ 🌡️_____

GPS: COMIENZA: _____ FIN: _____

TIPO DE SENDERO: ○ IDA Y VUELTA   ○ BUCLE   ○ IDA/ LANZADERA

ESTADO DE LOS SENDEROS: _____
SUPERFICIE DEL SENDERO: _____
AVISTAMIENTOS DE TERRENO: _____
_____
RECEPCIÓN DE TELÉFONOS MÓVILES: _____
CAMINÓ CON: _____
_____
AGUA DISPONIBLE: _____
INSTALACIONES: _____
_____
ALIMENTOS Y BEBIDAS: _____
_____

OBSERVACIONES (NATURALEZA, VIDA SALVAJE, ETC.): _____
_____
_____

ACONTECIMIENTO MÁS MEMORABLE: _____
_____
_____

NOTAS PARA LA PRÓXIMA VEZ: _____
_____
_____
_____
_____

DIBUJO DEL SENDERO/FOTO FAVORITA

SENDERISMO/NOMBRE DEL SENDERO: _____

CIUDAD/ESTADO: _____ DATE: _____

UBICACIÓN: _____

HORA: COMIENZA: _____ FIN: _____

DURACIÓN TOTAL: _____ DISTANCIA TOTAL: _____

GANANCIA/PÉRDIDA DE ELEVACIÓN: _____

SENDERO(S): _____
_____

DIFICULTAD: ☆☆☆☆☆   VALORACIÓN: ☆☆☆☆☆

EL TIEMPO: ☀ ⛅ 🌤 ☁ 🌧 ⛈ 🌨 🌡_____

GPS: COMIENZA: _____ FIN: _____

TIPO DE SENDERO: ○ IDA Y VUELTA   ○ BUCLE   ○ IDA/ LANZADERA

ESTADO DE LOS SENDEROS: _____
SUPERFICIE DEL SENDERO: _____
AVISTAMIENTOS DE TERRENO: _____
_____

RECEPCIÓN DE TELÉFONOS MÓVILES: _____
CAMINÓ CON: _____
_____

AGUA DISPONIBLE: _____
INSTALACIONES: _____
_____

ALIMENTOS Y BEBIDAS: _____
_____

OBSERVACIONES (NATURALEZA, VIDA SALVAJE, ETC.): _____
_____
_____

ACONTECIMIENTO MÁS MEMORABLE: _____
_____
_____

NOTAS PARA LA PRÓXIMA VEZ: _____
_____
_____
_____
_____

DIBUJO DEL SENDERO/FOTO FAVORITA

SENDERISMO/NOMBRE DEL SENDERO: _____

CIUDAD/ESTADO: _____ DATE: _____

UBICACIÓN: _____

HORA: COMIENZA: _____ FIN: _____

DURACIÓN TOTAL: _____ DISTANCIA TOTAL: _____

GANANCIA/PÉRDIDA DE ELEVACIÓN: _____

SENDERO(S): _____
_____

DIFICULTAD: ☆☆☆☆☆   VALORACIÓN: ☆☆☆☆☆

EL TIEMPO: ☀️ 🌤️ ⛅ ☁️ 🌧️ ⛈️ 🌨️ 🌡️_____

GPS: COMIENZA: _____ FIN: _____

TIPO DE SENDERO: ○ IDA Y VUELTA   ○ BUCLE   ○ IDA/ LANZADERA

ESTADO DE LOS SENDEROS: _____
SUPERFICIE DEL SENDERO: _____
AVISTAMIENTOS DE TERRENO: _____
_____
RECEPCIÓN DE TELÉFONOS MÓVILES: _____
CAMINÓ CON: _____
_____
AGUA DISPONIBLE: _____
INSTALACIONES: _____
_____
ALIMENTOS Y BEBIDAS: _____
_____

OBSERVACIONES (NATURALEZA, VIDA SALVAJE, ETC.): _____
_____
_____

ACONTECIMIENTO MÁS MEMORABLE: _____
_____
_____

NOTAS PARA LA PRÓXIMA VEZ: _____
_____
_____
_____
_____

DIBUJO DEL SENDERO/FOTO FAVORITA

SENDERISMO/NOMBRE DEL SENDERO: _____

CIUDAD/ESTADO: _____ DATE: _____

UBICACIÓN: _____

HORA: COMIENZA: _____ FIN: _____

DURACIÓN TOTAL: _____ DISTANCIA TOTAL: _____

GANANCIA/PÉRDIDA DE ELEVACIÓN: _____

SENDERO(S): _____
_____

DIFICULTAD: ☆☆☆☆☆   VALORACIÓN: ☆☆☆☆☆

EL TIEMPO: ☀ ⛅ 🌦 ☁ 🌧 ⛈ 🌨 🌡_____

GPS: COMIENZA: _____ FIN: _____

TIPO DE SENDERO: ○ IDA Y VUELTA   ○ BUCLE   ○ IDA/ LANZADERA

ESTADO DE LOS SENDEROS: _____
SUPERFICIE DEL SENDERO: _____
AVISTAMIENTOS DE TERRENO: _____
_____

RECEPCIÓN DE TELÉFONOS MÓVILES: _____
CAMINÓ CON: _____
_____

AGUA DISPONIBLE: _____
INSTALACIONES: _____
_____

ALIMENTOS Y BEBIDAS: _____
_____

OBSERVACIONES (NATURALEZA, VIDA SALVAJE, ETC.): _____
_____
_____

ACONTECIMIENTO MÁS MEMORABLE: _____
_____
_____

NOTAS PARA LA PRÓXIMA VEZ: _____
_____
_____
_____
_____

DIBUJO DEL SENDERO/FOTO FAVORITA

SENDERISMO/NOMBRE DEL SENDERO: _____

CIUDAD/ESTADO: _____ DATE: _____

UBICACIÓN: _____

HORA: COMIENZA: _____ FIN: _____

DURACIÓN TOTAL: _____ DISTANCIA TOTAL: _____

GANANCIA/PÉRDIDA DE ELEVACIÓN: _____

SENDERO(S): _____
_____

DIFICULTAD: ☆☆☆☆☆   VALORACIÓN: ☆☆☆☆☆

EL TIEMPO: ☀️ ⛅ 🌦️ ☁️ 🌧️ ⛈️ 🌨️ 🌡️ _____

GPS: COMIENZA: _____ FIN: _____

TIPO DE SENDERO: ○ IDA Y VUELTA   ○ BUCLE   ○ IDA/ LANZADERA

ESTADO DE LOS SENDEROS: _____
SUPERFICIE DEL SENDERO: _____
AVISTAMIENTOS DE TERRENO: _____
_____

RECEPCIÓN DE TELÉFONOS MÓVILES: _____
CAMINÓ CON: _____
_____

AGUA DISPONIBLE: _____
INSTALACIONES: _____
_____

ALIMENTOS Y BEBIDAS: _____
_____

OBSERVACIONES (NATURALEZA, VIDA SALVAJE, ETC.): _____
_____
_____

ACONTECIMIENTO MÁS MEMORABLE: _____
_____
_____

NOTAS PARA LA PRÓXIMA VEZ: _____
_____
_____
_____
_____

DIBUJO DEL SENDERO/FOTO FAVORITA

SENDERISMO/NOMBRE DEL SENDERO: _____

CIUDAD/ESTADO: _____ DATE: _____

UBICACIÓN: _____

HORA: COMIENZA: _____ FIN: _____

DURACIÓN TOTAL: _____ DISTANCIA TOTAL: _____

GANANCIA/PÉRDIDA DE ELEVACIÓN: _____

SENDERO(S): _____
_____

DIFICULTAD: ☆☆☆☆☆   VALORACIÓN: ☆☆☆☆☆

EL TIEMPO: ☀️ ⛅ 🌦️ ☁️ 🌧️ ⛈️ 🌨️ 🌡️ _____

GPS: COMIENZA: _____ FIN: _____

TIPO DE SENDERO: ○ IDA Y VUELTA   ○ BUCLE   ○ IDA/ LANZADERA

ESTADO DE LOS SENDEROS: _____
SUPERFICIE DEL SENDERO: _____
AVISTAMIENTOS DE TERRENO: _____
_____
RECEPCIÓN DE TELÉFONOS MÓVILES: _____
CAMINÓ CON: _____
_____

AGUA DISPONIBLE: _____
INSTALACIONES: _____
_____

ALIMENTOS Y BEBIDAS: _____
_____

OBSERVACIONES (NATURALEZA, VIDA SALVAJE, ETC.): _____
_____
_____

ACONTECIMIENTO MÁS MEMORABLE: _____
_____
_____

NOTAS PARA LA PRÓXIMA VEZ: _____
_____
_____
_____
_____

DIBUJO DEL SENDERO/FOTO FAVORITA

SENDERISMO/NOMBRE DEL SENDERO: _____

CIUDAD/ESTADO: _____ DATE: _____

UBICACIÓN: _____

HORA: COMIENZA: _____ FIN: _____

DURACIÓN TOTAL: _____ DISTANCIA TOTAL: _____

GANANCIA/PÉRDIDA DE ELEVACIÓN: _____

SENDERO(S): _____
_____

DIFICULTAD: ☆☆☆☆☆   VALORACIÓN: ☆☆☆☆☆

EL TIEMPO: ☀️ ⛅ 🌦️ ☁️ 🌧️ ⛈️ 🌨️ 🌡️ _____

GPS: COMIENZA: _____ FIN: _____

TIPO DE SENDERO: ○ IDA Y VUELTA   ○ BUCLE   ○ IDA/ LANZADERA

ESTADO DE LOS SENDEROS: _____
SUPERFICIE DEL SENDERO: _____
AVISTAMIENTOS DE TERRENO: _____
_____

RECEPCIÓN DE TELÉFONOS MÓVILES: _____
CAMINÓ CON: _____
_____

AGUA DISPONIBLE: _____
INSTALACIONES: _____
_____

ALIMENTOS Y BEBIDAS: _____
_____

OBSERVACIONES (NATURALEZA, VIDA SALVAJE, ETC.): _____
_____
_____

ACONTECIMIENTO MÁS MEMORABLE: _____
_____
_____

NOTAS PARA LA PRÓXIMA VEZ: _____
_____
_____
_____
_____

DIBUJO DEL SENDERO/FOTO FAVORITA

SENDERISMO/NOMBRE DEL SENDERO: _____

CIUDAD/ESTADO: _____ DATE: _____

UBICACIÓN: _____

HORA: COMIENZA: _____ FIN: _____

DURACIÓN TOTAL: _____ DISTANCIA TOTAL: _____

GANANCIA/PÉRDIDA DE ELEVACIÓN: _____

SENDERO(S): _____
_____

DIFICULTAD: ☆☆☆☆☆   VALORACIÓN: ☆☆☆☆☆

EL TIEMPO: ☀ ⛅ 🌦 ☁ 🌧 ⛈ 🌨 🌡 _____

GPS: COMIENZA: _____ FIN: _____

TIPO DE SENDERO: ○ IDA Y VUELTA   ○ BUCLE   ○ IDA/ LANZADERA

ESTADO DE LOS SENDEROS: _____
SUPERFICIE DEL SENDERO: _____
AVISTAMIENTOS DE TERRENO: _____
_____
RECEPCIÓN DE TELÉFONOS MÓVILES: _____
CAMINÓ CON: _____
_____

AGUA DISPONIBLE: _____
INSTALACIONES: _____
_____

ALIMENTOS Y BEBIDAS: _____
_____

OBSERVACIONES (NATURALEZA, VIDA SALVAJE, ETC.): _____
_____
_____

ACONTECIMIENTO MÁS MEMORABLE: _____
_____
_____

NOTAS PARA LA PRÓXIMA VEZ: _____
_____
_____
_____
_____

DIBUJO DEL SENDERO/FOTO FAVORITA

SENDERISMO/NOMBRE DEL SENDERO: _____

CIUDAD/ESTADO: _____ DATE: _____

UBICACIÓN: _____

HORA: COMIENZA: _____ FIN: _____

DURACIÓN TOTAL: _____ DISTANCIA TOTAL: _____

GANANCIA/PÉRDIDA DE ELEVACIÓN: _____

SENDERO(S): _____

DIFICULTAD: ☆☆☆☆☆ VALORACIÓN: ☆☆☆☆☆

EL TIEMPO: ☀️ ⛅ 🌦️ ☁️ 🌧️ ⛈️ 🌨️ 🌡️ _____

GPS: COMIENZA: _____ FIN: _____

TIPO DE SENDERO: ○ IDA Y VUELTA   ○ BUCLE   ○ IDA/ LANZADERA

ESTADO DE LOS SENDEROS: _____
SUPERFICIE DEL SENDERO: _____

AVISTAMIENTOS DE TERRENO: _____

RECEPCIÓN DE TELÉFONOS MÓVILES: _____
CAMINÓ CON: _____

AGUA DISPONIBLE: _____
INSTALACIONES: _____

ALIMENTOS Y BEBIDAS: _____

OBSERVACIONES (NATURALEZA, VIDA SALVAJE, ETC.): _____
_____
_____

ACONTECIMIENTO MÁS MEMORABLE: _____
_____
_____

NOTAS PARA LA PRÓXIMA VEZ: _____
_____
_____
_____
_____

DIBUJO DEL SENDERO/FOTO FAVORITA

SENDERISMO/NOMBRE DEL SENDERO: _____

CIUDAD/ESTADO: _____ DATE: _____

UBICACIÓN: _____

HORA: COMIENZA: _____ FIN: _____

DURACIÓN TOTAL: _____ DISTANCIA TOTAL: _____

GANANCIA/PÉRDIDA DE ELEVACIÓN: _____

SENDERO(S): _____
_____

DIFICULTAD: ☆☆☆☆☆ VALORACIÓN: ☆☆☆☆☆

EL TIEMPO: ☀️ 🌤️ 🌦️ ☁️ 🌧️ ⛈️ 🌨️ 🌡️_____

GPS: COMIENZA: _____ FIN: _____

TIPO DE SENDERO: ○ IDA Y VUELTA   ○ BUCLE   ○ IDA/ LANZADERA

ESTADO DE LOS SENDEROS: _____
SUPERFICIE DEL SENDERO: _____
AVISTAMIENTOS DE TERRENO: _____
_____
RECEPCIÓN DE TELÉFONOS MÓVILES: _____
CAMINÓ CON: _____
_____
AGUA DISPONIBLE: _____
INSTALACIONES: _____
_____
ALIMENTOS Y BEBIDAS: _____

OBSERVACIONES (NATURALEZA, VIDA SALVAJE, ETC.): _____
_____
_____

ACONTECIMIENTO MÁS MEMORABLE: _____
_____
_____

NOTAS PARA LA PRÓXIMA VEZ: _____
_____
_____
_____
_____

DIBUJO DEL SENDERO/FOTO FAVORITA

www.ingramcontent.com/pod-product-compliance
Lightning Source LLC
Chambersburg PA
CBHW071409080526
44587CB00017B/3221